ENTRENANDO SOLDADOS PARA LA GUERRA ESPIRITUAL

NIVEL INTERMEDIO 1 UNIDAD 3

LAS ENTIDADES Y OPERACIONES DEMONIACAS

Publicado por:
Cristo Libera
Ministerio de Liberación y sanidad
Seattle, WA 98115
USA
www.cristolibera.org

ISBN-13: 978-1719338011
ISBN-10: 1719338019
Primera impresión, 2018
Impreso en los Estados Unidos de América

ENTRENANDO SOLDADOS PARA LA GUERRA ESPIRITUAL

NIVEL INTERMEDIO 1 UNIDAD 3

LAS ENTIDADES Y OPERACIONES DEMONIACAS

ENTRENANDO SOLDADOS PARA LA GUERRA ESPIRITUAL

NIVEL INTERMEDIO 1 UNIDAD 3

LAS ENTIDADES Y OPERACIONES DEMONIACAS

ROGER D MUÑOZ

ENTRENANDO SOLDADOS PARA LA GUERRA ESPIRITUAL

NIVEL INTERMEDIO 1 UNIDAD
LAS ENTIDADES Y OPERACIONES DEMONIACAS

Roger D. Muñoz

CRISTO LIBERA

MINISTERIO DE LIBERACION Y SANIDAD

Seattle WA 98115

www.Cristolibera.org

ISBN-13: 978-1719338011

ISBN-10: 1719338019

Primera edición 2018

Reconocimiento a un Guerrero:

No sabía que el conocer a este hombre de Dios, Director General de Cristo Libera, serviría para cambiar la óptica que tenía de la liberación. Hoy junto al CRTJ agradezco a Dios por Roger Muñoz que con sencillez y humildad nos ha impartido su pasión por la liberación como punto de lanza del evangelismo.
Bendiciones y gracias Hno. Roger.

___ PASTOR JULIO ESCOBAR
CENTRO DE RESTAURACION TRIBU DE JUDÁ

Roger D Muñoz solía ser un hombre de negocios en el país de Colombia en América del Sur, pero desde el momento de su conversión a Jesucristo, le nació una pasión por liberar a los que están cautivos y bajo la opresión de espíritus malignos. Él es el fundador del ministerio "Cristo Libera". Muchos son los que se han beneficiado de su servicio de liberación en los Estados Unidos y en otras partes del mundo.

—REV. JORGE GUTIERREZ
IGLESIA CRISTIANA DE LAS AMERICAS
SEATTLE WASHINGTON USA.

Roger D Muñoz Es un siervo de Dios el cual me ha entrenado en liberación desde hace mucho tiempo y además tuve la bendición de viajar a USA para recibir más entrenamientos en liberación. Gracias a Jesucristo que por medio de su Siervo, ahora estoy ministrando liberación y han sido libres muchos en este hermoso país de Japón.

___ PASTOR JAIME TERUYA
IGLESIA CRISTIANA RENACIER EN JAPON

TABLA DE CONTENIDO

AUTOR Y FUNDADOR DEL MINISTERIO CRISTO LIBERA

Roger D Muñoz, Casado y padre de dos hermosos hijos, es el hombre que Dios escogió para fundar y dirigir a Cristo Libera, un ministerio de Liberación y Sanidad con su sede principal en Seattle, Washington, en los Estados Unidos. Además de servir localmente, sirve en todo los estados de USA y el resto del mundo donde Dios escoja, donde haya necesidad de servicios de liberación a través de la tecnología del internet, teléfonos, cámaras de internet, usando traductores y a veces viajando a donde Dios le envíe y desee. En este Ministerio se han realizado miles de liberaciones, la mayoría de ellas se encuentran en su página de internet www.cristolibera.org y en el canal de YouTube.

Ha sido invitado en repetidas ocasiones como parte del Panel de Conferencia al aire en temas de liberación y guerra espiritual en el Programa Radial Pastores Unidos por Cristo de la Alianza Evangélica Hispana del Noroeste.

Ha dictado muchos seminarios, conferencias, talleres y ha entrenado pastores y líderes a nivel internacional, los cuales están ya ministrando liberación en sus congregaciones.

El Pastor Roger Muñoz, está dejando un legado a aquellos que quieren aprender más acerca del ministerio de liberación

MAESTRO EN LA ENSEÑANZA ESCUELA C.L.

Pastor José León González.

1990. Egresado del Seminario Bíblico de las Asambleas de Dios en Barquisimeto. Venezuela.
1990 – 1998. Fundador y director del Instituto Bíblico Mizpa. Valencia Venezuela.
1995 – 2003. Ministro asociado de la iglesia Misionera Vida Cristiana. Valencia Venezuela.
1990 – 2003. Conferencista internacional en Diez países.
Dic. 2003 – Dic. 2005. Pastor asociado de la primera iglesia Discípulos de Cristo. Vega Alta Puerto Rico.
Enero 2006 – Enero 2008. Pastor asociado de la First Missionary Church en Humboldt Park, Chicago Illinois.
Mayo a noviembre 2008. Fundación de la iglesia Misionera hispana en Peoria Illinois.
2010 – 2017. Docente del programa de formación ministerial hispano del Bethel College en Mishawaka Indiana.
2010 hasta la fecha. Fundador y pastor principal de la iglesia Comunidad Cristiana Ciudad de Adoración.
2011 – 2014. Certificación en Consejería en Adicciones y Certificación en consejería familiar. New Hope School of Counseling.
2016 – Hasta la fecha. Orientación por medio de talleres para padres y representantes en las escuelas: Richard J Daley Academy, Orozco, Back of the Yard, Chávez, Cooper, Sefardí y John H Hamline en la zona Sur de Chicago IL.

AGRADECIMIENTOS

Estoy muy agradecido con Jesucristo por haberme redimido y rescatado por medio de la preciosa Sangre que derramó en la Cruz del Calvario y por tenerme como instrumento útil para que Él se manifieste y me dé la sabiduría de "como" poder compartir el conocimiento con todo su pueblo.

Le doy gracias a Dios por haberme traído a mis pastores; Jorge y Felisa Gutiérrez, que desde el principio han sido mis guías espirituales aquí en la tierra, y también le doy gracias por haberme enseñado a ser Biblio-céntrico, Cristo céntrico.

También le doy las gracias a mi amada esposa Gladys por toda su paciencia, comprensión y apoyo al estar junto a mí en todo momento, e igualmente a mis dos amados hijos, Roger y Néstor Muñoz. A mi querida madre Isabel Caballero por estar siempre conmigo. Al Pastor José León González, a quien Dios añadió a este ministerio, por su tremenda colaboración en impartir estas enseñanzas. A todo el Equipo de Cristo Libera: Coordinadores de Cada Nación, Batallones de Pastores, Batallón de Intercesión, Equipo del Consejo, Equipo Directivo, Equipo de Proyección y a todos los estudiantes y Batallones de cada Nación, que de alguna u otra manera han colaborado en este Ministerio. Norma A. Ojéndiz, por su tremendo esfuerzo al editar este libro.

Y le doy gracias a todos aquellos que de una u otra forma creyeron en Dios y se han integrado al Ministerio Cristo Libera del cual este libro es producto.

PROPOSITO

Que cada cristiano, ministro, pastor o líder:

- Se prepare como soldado de Cristo en la guerra espiritual.
- Adquieran conocimientos de los principios del Reino de Dios para que puedan entender mejor el modo en que opera el reino de las tinieblas.
- Sepa cómo enfrentar ese reino espiritual maligno, sus artimañas, su efecto letal y destructivo.
- Sepa cómo utilizar la armadura con la que Dios nos ha dotado,
- Aprenda como destruir fortalezas, derribar argumentos y lograr realizar con efectividad, actos de liberación de manera efectiva y ordenada, utilizando estrategias y procedimientos adecuados.
- Conozca sobre ***las entidades y operaciones demoniacas.***

PREFACIO

El contenido de este libro ***"Entrenando Soldados para la Guerra Espiritual, Nivel Intermedio 1 Unidad 3, Las Entidades y operaciones Demoniacas"***, fue emitido por primera vez en el Programa de Enseñanza y Entrenamiento en Liberación, dirigido por el Pastor Roger Muñoz, Director del Ministerio de Liberación "Cristo Libera Internacional", ha sido transmitido en directo y diferido, en una serie de clases impartidas por el Pastor José León González, con contenidos bíblicos, doctrinales y prácticos.

En él se transcriben textualmente el contenido de la unidad tres: una presentación, el objetivo general que es enseñar ampliamente acerca del reino de las tinieblas, sus distintas entidades demoniacas y sus formas de operación; al mismo tiempo venerar instrucción, acerca de cómo proceder a la hora de realizar actos de liberación, los temas son ¿Quiénes son? ¿Cómo operan? ¿Quiénes o que son objetos de su ataque o blanco de su ataque? Y también se anexa las oraciones de Guerra Espiritual.
Ha sido transcrito con términos o estructuras personalizadas, de acuerdo al lenguaje coloquial utilizado por las personas dirigentes, con conocimiento y experiencia en el campo de la liberación.

Se ha realizado, con la finalidad de poder brindar a cada estudiante, una herramienta más para adquirir o reforzar sus conocimientos y ejercer con efectividad, el ejercicio de Liberación o cualquier otro ministerio otorgado por Dios.

UNIDAD 3 Las entidades y Operaciones Demoniacas

INTERMEDIO 1 UNIDAD 3

LAS ENTIDADES Y OPERACIONES DEMONIACAS.

PRESENTACIÓN

Pastor, Roger Muñoz Director de este ministerio de Liberación Cristo Libera Internacional:
¡Gloria a nuestro Señor Jesucristo! que nos da la oportunidad de presentarles esta clase del Nivel Intermedio correspondiente a la Unidad número 3; tremenda bendición.

Vamos a iniciar con oración.

"Jesús de Nazaret mi Dios nos presentamos ante tu trono de Gracia, alabo tu nombre, perdona los pecados que hemos cometido por omisión, por robo, cualquier pecado perdónanos Señor Jesucristo, sabemos que tú eres Santo, Santo, Santo mi Rey, vamos a comenzar esta clase mi Dios, que tu nombre sea glorificado, el mundo entero debe de saber estas cosas. Espíritu de Dios, que no sea yo, sino que seas tú hablando a través de mi para que esto llegue al mundo, usa al Pastor José León como un buen instrumento. Nos cubrimos con tu sangre Señor Jesucristo, Rey de Reyes, recibe toda gloria y honra siempre, estamos aquí para recibir tus enseñanzas mi Señor Jesús, gracias Rey.

Mateo 12:43-45

Cuando el espíritu inmundo sale del hombre, anda por lugares secos, buscando reposo, y no lo halla.
Entonces dice: Volveré a mi casa de donde salí; y cuando llega, la halla desocupada, barrida y adornada.
Entonces va, y toma consigo otros siete espíritus peores que él, y entrados, moran allí; y el postrer estado de aquel hombre viene a ser peor que el primero. Así también acontecerá a esta mala generación.

INICIO DE LA ENSEÑANZA

Pastor José de León González, Maestro encargado de la enseñanza en el Ministerio Cristo Libera Internacional:
Muy bien amados hermanos, guerreros del Ministerio Cristo libera, una vez más un placer tener la oportunidad de poder compartir con todos ustedes, saludarlos y bendecirlos en el amor de Cristo y dar gracias a Dios por compartir las enseñanzas.
En esta ocasión nos corresponde manejar la unidad 3, la clase número 3 del nivel intermedio, esta clase lleva como título "**Las entidades y Operaciones Demoníacas**".

Objetivos Generales

Vamos establecer como **Objetivos Generales** para esta clase:

1. El enseñar ampliamente acerca del reino de las tinieblas.
    a. Sus distintas entidades demoniacas
    b. Sus formas de operación.
        Al mismo tiempo dar instrucción, acerca de cómo proceder a la hora de realizar actos de liberación.

Vamos a ir introduciéndonos de manera progresiva, yéndonos cada vez más hacia temas y asuntos de mayor profundidad en la secuencia de esta temática.

Contenidos

A manera de **Contenidos** tenemos:

1. **Las entidades demoniacas:**

- ✓ ¿Quiénes son?
- ✓ ¿Cómo operan?

2. **Los Objetos y blancos de su ataque**

- ✓ ¿Quiénes o que son objetos de su ataque o blanco de su ataque?

Vamos a mencionar razones de:

- ✓ ¿Por qué las entidades demoniacas buscan poseer a las personas?
- ✓ Consideraremos los daños que pueden ocasionar
- ✓ Aspectos de los que ellos como entidad demoniaca son conscientes y que nosotros debemos de manejar muy bien.

Entremos en materia.

¿QUIÉNES SON?

En primer lugar consideremos **¿Quiénes son?** Ya en clase anterior hicimos mención de esto, vamos a hacer mención una vez más para reafirmar estos conceptos y de alguna manera repasar:

Los demonios son un ejército de miles de miles de ángeles que perdieron su posición y condición en el cielo, por haberse levantado en una rebelión contra Dios, bajo el mando del Ángel de mayor rango creado por Dios; Luzbel o Lucifer quien llega a constituirse como se conoce (diablo o satanás) y quién en su condición de ángel mayor, debido a su posición y autoridad, consideró la posibilidad de derrocar a Dios y colocarse como rey, como el dios del universo y de todas las cosas; pero al leer la Biblia nos damos cuenta del resultado de su intento, donde terminó perdiendo la posición, la condición y convirtiéndose en un ser totalmente maligno.

Las entidades demoniacas son seres sobrenaturales de carácter maligno, al servicio de Satanás quien ejerce como su jefe y que junto con todas esas entidades demoniacas, constituyen un reino que se opone total y abiertamente a Dios.

No deben ser confundidos con espíritus de personas muertas; muchas veces en el terreno de hechicería, brujería y espiritismo, se

confunden las entidades demoniacas, con espíritus de personas muertas.
No debe confundirse, son seres incorpóreos, o sea que no tienen un cuerpo físico.

Mateo 12:43-45
2:43 Cuando el espíritu inmundo sale del hombre, anda por lugares secos, buscando reposo, y no lo halla.
12:44 Entonces dice: Volveré a mi casa de donde salí; y cuando llega, la halla desocupada, barrida y adornada.
12:45 Entonces va, y toma consigo otros siete espíritus peores que él, y entrados, moran allí; y el postrer estado de aquel hombre viene a ser peor que el primero. Así también acontecerá a esta mala generación.

Marcos 5:12
5:12 Y le rogaron todos los demonios, diciendo: Envíanos a los cerdos para que entremos en ellos.

Habla de cómo el espíritu del mal o el espíritu maligno, sale de la persona y anda buscando espacio o lugar y anda buscando posicionarse en otra persona, de manera que son seres espirituales, son seres incorpóreos; son seres inmundos y depravados.

En **Hechos 8:7**

8:7 Porque de muchos que tenían espíritus inmundos, salían éstos dando grandes voces; y muchos paralíticos y cojos eran sanados;

Habla de cómo se ejercía liberación, expulsando espíritus inmundos, espíritus malignos e inmundos, parece que hay un grado de depravación en ellos de acuerdo a lo que dice **Mateo 12:43-45** Cuando dice que: cuando el espíritu inmundo sale de la persona, anda en lugares buscando reposo, y no encontrándolo dice: volveré al lugar, a la casa o sea a la persona de donde salió y la encuentra desocupada y entra nuevamente… y dice que una vez que entra busca a otros siete espíritus peores que él.

Entonces esa palabra "peores" habla de que hay un grado de depravación en cuanto a estos seres.

También están jerarquizados y organizados, o sea que tienen un orden, tienen una clasificación, tienen una organización por jerarquías; están especializados y asignados según sus funciones específicas.

Es por ello que los demonios se hacen llamar de acuerdo a lo que hacen o a la función que cumplen.

A la hora de emplazar a una entidad demoniaca en alguna persona y preguntar al demonio, ¿Cómo te llamas? Fácilmente el demonio se puede identificar de acuerdo a lo que hace.

Por eso en alguna ocasión dice que se llama droga, o que se llama miedo, o que se llama muerte, porque se identifica o da por nombre la función que cumple y la especialidad en la que se desempeña.

Están sectorizados o ubicados por regiones geográficas y la Biblia es clara sobre este aspecto.

Por eso en **Ezequiel 28:12**

"Hijo de hombre, levanta endechas sobre el rey de Tiro, y dile: Así ha dicho Jehová el Señor: Tú eras el sello de la perfección, lleno de sabiduría, y acabado de hermosura."

Se habla de cómo el Señor envía un mensaje o en su Palabra se dirige al rey de Tiro y luego en **Daniel 10:13**

"Más el príncipe del reino de Persia se me opuso durante veintiún días; pero he aquí Miguel, uno de los principales príncipes, vino para ayudarme, y quedé allí con los reyes de Persia.

Hace mención del príncipe del reino de Persia, eso indica que el enemigo está ubicado por sectores, que no solamente está organizado, sino que está sectorizado.

De acuerdo a las jerarquías tienen dominio sobre Territorios, sobre Naciones, sobre Estados, sobre Regiones, sobre Ciudades inclusive sobre Comunidades.

Testimonio

Tuve la oportunidad, en una ocasión predicando una campaña en un lugar de Venezuela, donde estábamos siendo objeto de una opresión tremenda, terrible, con mucha dificultad.

Una persona fue enviada desde un lugar a decirnos que el Señor nos indicaba, que estábamos peleando contra un principado de hechicería que gobernaba en ese pueblo o en ese lugar.

A partir de ahí comenzamos a intensificar la oración, a intensificar el clamor a Dios y comenzamos a reprender ese principado de hechicería… pudimos sentir como hubo Liberación, como a partir del esfuerzo que hicimos en enfocarnos en reprender ese principado de hechicería, comenzó a haber libertad y las vidas comenzaron a responder a la hora de hacer el llamado para conversión para entregar sus vidas a Cristo.

Así que el enemigo está perfectamente sectorizado o ubicado por regiones geográficas.

Es importante que nosotros podamos identificar <<qué entidad demoníaca está gobernando, está dominando en una comunidad>> para saber entonces contra que estamos peleando y cómo vamos a enfocar el ataque o el esfuerzo o el contraataque que nosotros como iglesia tenemos que generar.

Triple reinado o dominio de Satanás

Otro aspecto que vamos a considerar aquí, es el relacionado con el **triple reinado o dominio de Satanás.**

Satanás gobierna en primer lugar sobre el reino de las tinieblas; habla de principados, potestades, gobernadores de las tinieblas de este siglo y huestes espirituales de maldad en las regiones celestes, tal como lo dice:

Efesios 6 12
"Porque no tenemos lucha contra sangre y carne, sino contra principados, contra potestades, contra los gobernadores de las tinieblas de este siglo, contra huestes espirituales de maldad en las regiones celestes"

Primer dominio

El primer dominio de Satanás está sobre su reino de maldad, integrado por todas estas entidades demoníacas que como ya hemos dicho están organizados, clasificados, sectorizados; ahí está el primer dominio de Satanás

Segundo dominio

El segundo dominio está sobre el Cosmos, siglo o mundo como sistema de maldad que controla millones de personas, millones de vidas humanas.

De acuerdo a 1ra. De **Juan 2:15-17** dice que:
No amemos a este mundo, porque las cosas que están en este mundo, la vanagloria de la vida, la vanagloria de los ojos, o sea, todos lo que conforma el sistema de maldad que gobierna las vidas humanas no proviene de Dios.

Dice la Palabra pues, que proviene del mal. El texto dice: No améis al mundo ni las cosas que están en el mundo, porque todo lo que hay en el mundo, los deseos de la carne, los deseos de los ojos y la vanagloria de la vida, no provienen del Padre sino del mundo.

Y en **2da. De Corintios 4:4** dice: *Que **el dios de este siglo**,* en el original griego la palabra siglo ahí es "aión", y tiene que ver con sistema, el dios de este siglo, el dios de este sistema, cegó el entendimiento de las personas. Así que ya tenemos dos ámbitos donde el enemigo satanás, gobierna:

1. Sobre su reino de entidades demoniacas y
2.-Sobre un sistema plagado de principios de maldad.

Tercer dominio

El tercer ámbito donde el enemigo gobierna es sobre la humanidad perdida.
En Efesios 22 dice:

En otro tiempo ustedes estaban muertos en sus transgresiones y pecados, en los cuales andaban conforme a los poderes de este mundo.

O sea a los poderes del sistema, y se conducían según el que gobierna las tinieblas. Dos aspectos:
1.- El sistema mundo y las entidades demoniacas
2.- Según el espíritu que ahora ejerce su poder ***en los que viven en la desobediencia***.

En ese texto de **Efesios 2:2** están planteados los tres ámbitos donde el enemigo gobierna y domina.

En 1ra. de Juan 5:19 dice: ***Que el mundo entero está bajo el maligno***;
Entonces, ya tenemos ahí definidos tres ámbitos donde el enemigo, satanás, gobierna y opera.

2da. Corintios 10:3-5

Pues aunque andamos en la carne, no militamos según la carne; porque las armas de nuestra milicia no son carnales, sino poderosas en Dios para la destrucción de fortalezas, derribando argumentos y toda altivez que se levanta contra el conocimiento de Dios, y llevando cautivo todo pensamiento a la obediencia a Cristo,

¿CÓMO ES QUE OPERAN?

Podemos también considerar el aspecto de **¿Cómo es que operan estas entidades demoniacas?**

En primer lugar, las entidades demoniacas operan desde afuera a través de influencias que consisten en:
Sugerencia, ofertas, tentaciones, tratando de inducir a las personas a conductas pecaminosas.
Porque sabemos que al momento de la persona incurrir en la conducta pecaminosa queda oprimida, queda cautiva, pasa a ser del dominio del reino del mal, tal como dice **Efesios 2:2**

"en los cuales anduvisteis en otro tiempo, siguiendo la corriente de este mundo, conforme al príncipe de la potestad del aire, el espíritu que ahora opera en los hijos de desobediencia"

Así que en primera instancia, estas entidades operan, atacando desde afuera y la intención de ellos, no es solamente atacar desde afuera, la intención es, llegar al terreno de posicionarse y tomar posición y posesionarse dentro de la persona y para ello usan lo que se conoce en esta temática como puertas.

¿Qué son Puertas?

Puertas son las diferentes vías de acceso, a través de la cual el demonio tiene entrada a la persona en razón de los pecados cometidos por la persona.
Una vez que la persona ha cometido el pecado abrió una puerta, le entregó al enemigo unos derechos:

- De entrar a su vida,
- De instalarse en su vida,
- De controlar dominar y dañar su vida.

Por eso es que Dios hace tanto énfasis en su Palabra en la necesidad de mantenernos en integridad, en pureza, para no dar lugar al enemigo y así lo dice la Biblia: ***no deis lugar al diablo***, significa: <<No le abras puertas, no le des la oportunidad, porque de seguro va a instalar un elemento de control en la vida de la persona que abre puertas>>

Me llamó profundamente la atención, el texto cuando Jesús le dice a sus discípulos que ya viene el príncipe de este mundo; Jesús ya estaba en su fase final para entrar en el proceso de ir y dar su vida por todos nosotros y en ese momento que está compartiendo con los discípulos les dice:

"***ya viene el príncipe de este mundo y el nada tiene en mí***"

O sea, Jesús nunca le dio la más mínima oportunidad al enemigo a instalar ninguno de sus elementos dentro de su vida y por eso fue que lo derrotó. <<E*n este aspecto es el llamado que Dios nos hace a nosotros, a mantenernos limpios, a mantenernos íntegros, a no*

abrir puertas para que el enemigo tenga ocasión a instalar sus dardos y elementos de control en nuestras vidas>>

También, al momento de que se le abre puerta y el enemigo puede tener acceso a la vida de la persona, entonces establece lo que conocemos como una fortaleza. (En Cristo Libera hemos aprendido que esto también se le denomina reino) y... ¿Qué es un reino?

¿Qué es un reino?

Es una posición alcanzada, establecida por el enemigo en la vida de la persona, donde como dice el texto de **Mateo capítulo 12** que el enemigo busca a otros, para instalarse y entonces formar una especie de reino, eso se conoce como fortaleza, que son las posiciones que el enemigo logra establecer en diferentes áreas de la vida humana, en la cual y desde la cual oprime, ejerce dominio y constituye una vida de acceso para las otras entidades demoniacas, constituyendo así un reino o como yo le he llamado "un network" o "una red de control" para ejercer su dominio y a partir de ahí, no solo ejercer dominio sobre la vida de la persona, sino de los que están alrededor o forman parte del núcleo familiar de esa persona.

Una vez que el enemigo ha logrado instalar su posición, entonces reclama derechos, hasta el caso de reclamar derecho de propiedad, sobre los cuales presenta sus argumentos. Eso se plantea en:

2da. Corintios 10: 3-5
10:3 ***Pues aunque andamos en la carne, no militamos según la carne;***

10:4 porque las armas de nuestra milicia no son carnales, sino poderosas en Dios para la destrucción de fortalezas,
10:5 derribando argumentos y toda altivez que se levanta contra el conocimiento de Dios, y llevando cautivo todo pensamiento a la obediencia a Cristo,

Donde se nos dice cómo el enemigo instala estás fortalezas y cómo es que nosotros debemos usar las armas espirituales a la hora de confrontar para hacer dos cosas:

1. ***Destruir las fortalezas***, la posición tomada ***y…***
2. ***Derribar los argumentos*** por los cuales reclama derechos para estar en la vida de esa persona.

Fácilmente al confrontar el demonio, puede decir que tiene derechos, porque la persona le abrió puertas o por que en algún momento se hizo algún tipo de pacto, alguna dedicación, los antepasados lo entregaron… el enemigo siempre va a estar reclamando derechos y es donde se puede llegar no solamente al terreno de que la persona este influenciada o esté afectada por una entidad demoníaca, sino que tenga una posesión demoníaca.

Diferencia en lo que es una influencia, opresión y una posesión.

Hay que establecer una diferencia en lo que es una influencia, opresión y una posesión.

La posesión consiste: en la entrada de una entidad demoníaca en el cuerpo humano, tomando el control de la mente y controlando la conducta de la persona.

En Lucas 8:35 Y salieron a ver lo que había sucedido; y vinieron a Jesús, y hallaron al hombre de quien habían salido los demonios, sentado a los pies de Jesús, vestido, y en su cabal juicio; y tuvieron miedo.

Se habla del endemoniado Gadareno, era una persona que perdió el contacto con la realidad, (qué es lo que sucede con la persona poseída), la persona poseída, pierde el contacto con la realidad y la conciencia, <inclusive de sí misma>, a diferencia de la persona influenciada u oprimida.

A la hora de ejercer Liberación, usted se va a encontrar con diferentes casos:

- ✓ Se va a encontrar con el caso de las personas que está influenciadas o personas que tienen una opresión demoníaca,
- ✓ O se va a encontrar con personas que tienen una posesión demoníaca: esa persona pierde contacto con la realidad y pierde la conciencia de sí mismo.

Posesión significa propiedad.
El cristiano no puede ser poseído porque somos propiedad del Espíritu Santo

El no reconocimiento de opresiones y posesiones demoníacas en el día de hoy.

Este es otro aspecto importante de considerar, porque pasa como desapercibido, porque a veces dentro de la iglesia, no somos conscientes de esto, vamos a mencionar algunas razones de ello:

1. Por el gran desconocimiento sobre este fenómeno. Hay un gran desconocimiento en esta materia.
2. Existe un criterio de ciencia, donde todo prácticamente hoy, en el campo secular, se le atribuye a factores y a causas naturales y se trata con recursos profesionales.

Cuando una persona sufre por ejemplo un ataque que evidentemente puede ser un ataque demoníaco, la persona es llevada a una institución médica, ahí es sedada, es medicada y todo se da sobre un tratamiento médico, desde el punto de vista profesional.
Está mostrado como hemos dicho en clase anterior, de qué hay situaciones que son de origen natural, de origen orgánico, pero hay situaciones que tienen una base, una causa espiritual que la genera y esa causa no se va a ir, no se va a enfrentar y resolver con pastillas, entonces es donde es importante conocer esto.

Así que hoy puede pasar desapercibido por estas dos razones y por no considerarlo como algo espiritual.

Por ejemplo: La esquizofrenia como enfermedad mental. Una enfermedad sufrida por más de 20 millones de personas en todo el mundo. ¿En qué consiste? En la distorsión del pensamiento, las

emociones, el lenguaje, la percepción de sí mismo y la realidad que rodea la persona.
Científicamente es atribuida a causas naturales, a problemas cerebrales, a problemas de deficiencias dentro del sistema cerebral, en base a eso y yo diría que el endemoniado gadareno, hoy sería recluido en un hospital psiquiátrico y sería medicado a base de drogas, y el endemoniado gadareno estaría ahí.
Jesús no médico al endemoniado gadareno, y mira que era serio el caso del endemoniado gadareno, un hombre no solo con pérdida de contacto de la realidad, sino viviendo en cementerios y deambulando en lugares solitarios y gritando en las noches y causándose dañó… cuando Jesús aparece, Jesús increpa y expulsa la entidad demoníaca que estaba en la vida de este hombre, que eran muchos, declarados por el cabeza o el líder del grupo que dijo que se llamaba legión, porque eran muchos, Jesús ejecuta una Liberación perfecta y el hombre al final queda vestido, en su cabal juicio, sentado y perfectamente libre.

Así que, la Biblia nos enseña, lo que algunos conceptos seculares no nos enseñan, por eso debemos alabar a Dios, por este conocimiento, debemos glorificar el nombre del Señor, porque en su Palabra es que tenemos acceso a este conocimiento y no solamente tenemos acceso, sino que por esta Palabra tenemos el poder y la autoridad para operar en este campo.

Otra de las razones por las cuales es desconocido o no aceptado o no identificado, es porque este fenómeno es aceptado como normal en medios de brujería y espiritismo, donde se le da el crédito a la manifestación demoniaca, creyendo algunos que es algo de parte de Dios. Y como las personas tratan de buscar solución a sus problemas, estas son algunas razones por las cuales la gente acude a la brujería, la hechicería, la santería y estos medios:

- Unos por curiosidad, tal vez de conocer sobre el mundo espiritual.
- Otros por necesidad de comunicación con familiares que han muerto y piensan que es una guía y un mecanismo para lograrlo.
- Otros buscando solución a sus problemas.

Pero a la luz de la Palabra, el espiritismo, la brujería, hechicería, santería, como se llame, siempre, siempre, en el pasado, en el presente o en el futuro no es otra cosa que actividad demoniaca condenada frontalmente con Dios en su Palabra.

En el libro de **Deuteronomio 32:17** el Señor reclama a su pueblo y demanda de su pueblo, (el pueblo de Israel), dice:

"***sacrificaron a los demonios y no a Dios, a dioses que no habían conocido***"

En **Levítico 17:17** dice: ***y nunca más ofrecerán sus sacrificios a los demonios, tras los cuales han fornicado***.

En aquel entonces el pueblo estaba inmerso en prácticas de carácter idolátrico y de carácter espiritistas, y ellos podrían estar pensando que estaban en contacto con algo divino, que esto era de Dios y Dios en su Palabra confronta y los demanda de que ellos no están adorando a Dios, que están adorando a demonios.

Luego en **Deuteronomio 18:10 - 11** dice: ***no se ha hallado no sea hallado en ti quién haga pasar a su hijo por fuego*** (era una práctica de aquel entonces) ***ni quién practique adivinación, ni agüero*** (agüero viene de la palabra augurio, era una práctica que tenía que ver con predecir el futuro, a través de elementos de consultas mágicas y estas cosas) ***ni adivino, ni mago, que consulte a los muertos porque es abominación para con el Señor cualquiera que hace estas cosas.***
Dios condena y Dios confronta de manera muy puntual este asunto de consultar con entidades demoniacas y cualquier tipo de prácticas que tiene que ver con eso.

En **Levítico 20:6-27** dice: ***Y la persona que atendiere a encantadores o adivinos, para prostituirse tras de ellos. Yo pondré mi rostro contra la tal persona, y la cortare de entre su pueblo***.

Toda persona que practique estas cosas, Dios no está de frente con esa persona, dice que el hombre o mujer que evocare espíritus de muertos o le entregare a la adivinación, ha de morir.

En el antiguo testamento no tan solo había una sentencia condenatoria, había una sentencia de muerte para el que practicara estas cosas, eso en la razón de la implicación que tiene la práctica de brujería, espiritismo, hechicería, santería y este tipo de prácticas.

La idolatría como actividad demoniaca

Además de esto tenemos que mencionar **la idolatría como actividad demoniaca:**

Eso de adorar imágenes, eso de darle culto a imágenes, poniendo como una constelación de intercesores en el cielo, con nombre de vírgenes, con nombres de santos, con nombre de personas a las que se les atribuye la facultad y el poder de poder interceder ante Dios por los seres humanos, es una falsedad de falsedades.

La idolatría es una creencia, una actividad que a pesar de ser muy aceptada y practicada por miles de millones de personas, en el pensar que están haciendo algo de Dios, pero sin darse cuenta que están inmersos en una práctica controlada por demonios.

El cielo no funciona como funciona la tierra, la Biblia dice que solamente hay un mediador, solamente hay un intercesor por nosotros y es Jesucristo, porque es el único que reunió los requisitos y pago completamente nuestros pecados y por eso es que está sentado a la diestra del Padre.

Nadie tiene acceso a Dios, a menos que sea por Cristo, por eso fue que Jesús declaró contundentemente:
"Yo soy el camino la verdad y la vida, nadie viene al Padre sino es por mí"
No hay nombre de virgen, no hay nombre de santos, no hay nombre de ningún otro, ni en el cielo, ni en la tierra, ni en ninguna parte, a través del cual se puede llegar a la presencia de Dios, solamente a través de Jesucristo, fuera de Cristo todo lo que se utilice, todo nombre, toda obra, otra persona, toda otra figura que se utilice tratando de obtener el beneficio divino, obtener salvación, no es otra cosa que idolatría y la idolatría está controlada por demonios.

1ra. De Corintios 10:19-21 (es palabra del apóstol Pablo) dice:

¿Qué digo pues? ¿Qué es el ídolo es algo o que sea algo lo que se sacrifica a los ídolos?
Y dice:
antes les quiero decir, que lo que los gentiles (o sea las personas no Judías) ***sacrifican a los ídolos a los demonios se lo están sacrificando y no a Dios;***
Y dijo: ***y no quiero que ustedes sean partícipes con los demonios, porque no pueden participar de la mesa del Señor y de la mesa de los demonios***.
Esa fue la exhortación del apóstol Pablo dirigiéndose a la iglesia de los Corintios.

OBJETOS Y BLANCOS DE SU ATAQUE DEL ENEMIGO

Podemos mencionar **objetos y blancos de su ataque del enemigo**.

¿A quienes atacan las entidades demoniacas?
Atacan a individuos, atacan a matrimonios, atacan a familias, atacan comunidades, atacan Ciudades, atacan Naciones, atacan al mundo entero.

1ra. de Juan 5:19 Dice: ***el mundo estero está bajo el maligno***.

A manera de guerra, enfrentan, atacan a ministros del evangelio, a iglesias cristianas, a líderes cristianos, a ministros de alabanza y adoración y apersonas que representan un peligro para su reino, porque cuando la persona se convierte a Cristo y entiende la realidad del Reino de Dios y la realidad del reino de las tinieblas y entiende que esto se trata de una guerra y se llena del conocimiento de la Palabra y del poder de Dios, entonces es una persona de alta peligrosidad para el reino de las tinieblas. Es por ello que el enemigo ataca especialmente a ministros de iglesias cristianas.

También, en la intención, buscan poseer personas y no solamente a personas, buscan poseer a animales, en el libro de Lucas está un caso, un ejemplo de como un demonio puede poseer un animal, esos demonios que Jesús expulso de un gadareno, le pidieron a Jesús permiso para entrar en los cerdos y Jesús les otorgó el permiso, pudieron entrar a los cerdos, los cerdos se fueron por un barranco y se murieron ahogados en el lago.

Pues indica eso, que si pueden poseer animales, además posicionan cosas o pueden posicionar lugares, por eso hay lugares en Ciudades, en pueblos donde continuamente acontecen muertes; alguna vez aconteció un hecho trágico ahí y entidades demoníacas se posesionaron del lugar y entonces periódicamente en el lugar se repiten los mismos hechos de tragedias, de accidentes, de muertes, porqué es un lugar posicional.

¿Y por qué buscan poseer las personas? ¿Por qué buscan tomar el cuerpo de las personas?

1. Por una sensación de alivio **Mateo 12: 43** dice que cuando el espíritu inmundo sale de la persona anda buscando reposo, y ¿Por qué? porque entonces quiere decir que en el cuerpo de la persona tenía cierto alivio y reposo, y no encontrando en los lugares donde va dice: volveré a mi casa, o sea, trata de reincorporarse a la persona.
2. Segundo por una sensación de dominio y control para tener control sobre la persona y desde ahí poder cumplir mejor

sus planes de destrucción, usando la persona como una base de operación.

¿Qué daños puede sufrir una persona que es objeto de una influencia, de una opresión o una posesión?

1. Enfermedades físicas. (Puede enfermar físicamente).
2. La posesión, la opresión demoniaca puede ocasionar mudez. **Mateo 9:32-33**

   9:32 Mientras salían ellos, he aquí, le trajeron un mudo, endemoniado.
   9:33 Y echado fuera el demonio, el mudo habló; y la gente se maravillaba, y decía: Nunca se ha visto cosa semejante en Israel.

3. Ceguera como en el caso de **Mateo 12:22**

   Entonces fue traído a él un endemoniado, ciego y mudo; y le sanó, de tal manera que el ciego y mudo veía y hablaba.

4. Deformidades, como el caso de la mujer encorvada que Jesús liberó que tenía 18 años encorvada. ***Lucas 13:11-17*** :

   13:11 y había allí una mujer que desde hacía dieciocho años tenía espíritu de enfermedad, y andaba encorvada, y en ninguna manera se podía enderezar.
   13:12 Cuando Jesús la vio, la llamó y le dijo: Mujer, eres libre de tu enfermedad.
   13:13 Y puso las manos sobre ella; y ella se enderezó luego,

y glorificaba a Dios.
13:14 Pero el principal de la sinagoga, enojado de que Jesús hubiese sanado en el día de reposo, dijo a la gente: Seis días hay en que se debe trabajar; en éstos, pues, venid y sed sanados, y no en día de reposo.
13:15 Entonces el Señor le respondió y dijo: Hipócrita, cada uno de vosotros ¿no desata en el día de reposo su buey o su asno del pesebre y lo lleva a beber?
13:16 Y a esta hija de Abraham, que Satanás había atado dieciocho años, ¿no se le debía desatar de esta ligadura en el día de reposo?
13:17 Al decir él estas cosas, se avergonzaban todos sus adversarios; pero todo el pueblo se regocijaba por todas las cosas gloriosas hechas por él.

5. Locura. Como en el caso del endemoniado gadareno. **Lucas 8:26-35**

8:26 Y arribaron a la tierra de los gadarenos, que está en la ribera opuesta a Galilea.
8:27 Al llegar él a tierra, vino a su encuentro un hombre de la ciudad, endemoniado desde hacía mucho tiempo; y no vestía ropa, ni moraba en casa, sino en los sepulcros.
8:28 Este, al ver a Jesús, lanzó un gran grito, y postrándose a sus pies exclamó a gran voz: ¿Qué tienes conmigo, Jesús, Hijo del Dios Altísimo? Te ruego que no me atormentes.
8:29 (Porque mandaba al espíritu inmundo que saliese del hombre, pues hacía mucho tiempo que se había apoderado de él; y le ataban con cadenas y grillos, pero rompiendo las cadenas, era impelido por el demonio a los desiertos.)
8:30 Y le preguntó Jesús, diciendo: ¿Cómo te llamas? Y él dijo: Legión. Porque muchos demonios habían entrado en

él.
8:31 Y le rogaban que no los mandase ir al abismo.
8:32 Había allí un hato de muchos cerdos que pacían en el monte; y le rogaron que los dejase entrar en ellos; y les dio permiso.
8:33 Y los demonios, salidos del hombre, entraron en los cerdos; y el hato se precipitó por un despeñadero al lago, y se ahogó.
8:34 Y los que apacentaban los cerdos, cuando vieron lo que había acontecido, huyeron, y yendo dieron aviso en la ciudad y por los campos.
8:35 Y salieron a ver lo que había sucedido; y vinieron a Jesús, y hallaron al hombre de quien habían salido los demonios, sentado a los pies de Jesús, vestido, y en su cabal juicio; y tuvieron miedo.

6. Heridas. Como M**arcos 9:18**

9:18 el cual, dondequiera que le toma, le sacude; y echa espumarajos, y cruje los dientes, y se va secando; y dije a tus discípulos que lo echasen fuera, y no pudieron.

Dice que el demonio lanzaba al muchacho, quería ahogarlo, quería quemarlo, o como el endemoniado gadareno que se ocasionaba daños así mismo.

Todo esto es lo que el enemigo puede causar en una influencia o presión de posesión. Y es lo que la Biblia dice, que ha venido aquí a matar, robar a destruir, ese es su propósito.

Pueden oprimir mental y emocionalmente.

Una persona bajo una influencia o bajo una opresión demoníaca o posesión demoníaca tiene una terrible opresión mental y emocional. Necesita liberación. También el demonio trabaja desviándolo doctrinalmente, confundiendo y engañando.

1ra.de Timoteo capítulo 4 versículo 1 advierte y dice: ***El Espíritu dice claramente que en los postreros tiempos, algunos apostataran de la fe escuchando a espíritus engañadores y doctrinas de demonios***.

Es lo que está sucediendo el día de hoy con tanta ideología torcida que detrás de ellas no hay otra cosa que una influencia demoníaca.

También procuran inducir al pecado, propiciando conflictos y divisiones, son algunas de las cosas que el enemigo va a intentar en su propósito.

¿DE QUÉ SON CONSCIENTES?

Como siguiente aspecto **¿De qué son conscientes?**

Ellos van a ser conscientes, (y aquí donde usted y yo tenemos la potestad, la capacidad de emplazar, de confrontar):

1. **De la deidad de Jesucristo.**
   En Lucas 4:41 se muestra.

Varios textos demuestran como los demonios lo identificaban ahí a Jesús y decían: Tú eres el hijo de Dios. O sea ellos sabían que Él era el Cristo.

2. **Del poder de la obra redentora**.
   En **Marcos 1:23-25** un demonio le dice a Jesús: ***¿Tú has venido acá para destruirnos?***

Significa que están conscientes de que la venida y obra de Cristo, representaba su final. Su final de derecho y su final de dominio. Son conscientes del juicio y del castigo eterno que les espera.

En **Mateo 8:29** clamaron estos demonios diciendo:
"Jesús hijo de Dios, has venido acá para atormentarnos antes de tiempo"
O sea ellos saben que les espera un tiempo donde les estarán lanzando al lago de fuego.

Aquí hay una máxima o una declaración que vi hace tiempo y me llamó profundamente la atención y quiero compárteselas:

Si satanás quiere atormentarte respecto de tu pasado, recuérdale un poco acerca de su futuro.

Y yo se lo he dicho: Si mi pasado fue obscuro y fue negro, el futuro tuyo es más negro que mi pasado y mi pasado fue redimido con la sangre de Jesús, mi pasado fue limpiado, fue cancelado, y toda acta que había contra mí que me era contraria, Cristo la clavó en la cruz del calvario, pero para satanás y sus demonios no hay redención y le espera el lago de fuego.

3. **Son conscientes de quien es Dios, quien es de Dios y quién no. Quien tiene autoridad y quién no.**

En **Hechos 19:13-15** dice que unos exorcistas, intentaron invocar el nombre de Jesús sobre los que tenían espíritus malos, pero el espíritu malo dijo: Conocemos a Jesús, sabemos quién es Pablo y ustedes ¿Quiénes son? Y cayeron encima de los que estaban tratando de hacer liberación, los dominaron, y los hicieron correr.

CONCLUSIÓN O RESUMEN

Hasta aquí hemos visto los elementos de esta clase, de las entidades demoniacas, ya ustedes han aprendido sobre:

¿Quiénes son?
¿Cómo operan?
Objetos y blancos de su ataque.
Razones del porque buscan poseer a las personas.
Daños que pueden ocasionar.
Y los Aspectos de lo que son conscientes.

EVALUACION

Una vez más a manera de asignación y de tarea:
Lea, analice y medite en los textos bíblicos aquí presentados y elabore el resumen.
Le pido que por favor, se detenga, lea detalladamente los textos, repase el material y elabore sus propias conclusiones, sus propias reflexiones y entonces expóngalo en forma escrita, en forma de audio o en forma de video y envíelo a su Coordinador Ministerial.

Así que hasta aquí, esta clase número tres, de este nivel intermedio. De mi parte que Dios le bendiga, esperamos su reporte, esperamos su informe y nos vemos en la próxima clase. Dios me les bendiga.

1ra. De Juan 5:19-21

Sabemos que somos de Dios, y el mundo entero está bajo el maligno.
Pero sabemos que el Hijo de Dios ha venido, y nos ha dado entendimiento para conocer al que es verdadero; y estamos en el verdadero, en su Hijo Jesucristo. Este es el verdadero Dios, y la vida eterna.
Hijitos, guardaos de los ídolos. Amén.

Lucas 4:41

4:41 También salían demonios de muchos, dando voces y diciendo: Tú eres el Hijo de Dios. Pero él los reprendía y no les dejaba hablar, porque sabían que él era el Cristo

COMENTARIO

Pastor, Roger Muñoz Director de este Ministerio de Liberación Cristo Libera Internacional:

Gloria a Dios por la tremenda enseñanza que nos dio nuestro Señor Jesucristo a través de su Santo Espíritu, usando al pastor José León. Mis hermanos, deseamos que esas bendiciones lleguen a todo el mundo, el mundo debe saber estas cosas.

Bien mis hermanos, déjenme aclarar unos puntos de la conferencia, dos puntos para que no se confundan ahí:

- Una posesión implica, propietario, propiedad. Nosotros los cristianos, los que hemos sido comprados a precio de sangre, somos propiedad privada de Jesucristo. Un cristiano, aunque tenga demonios, no es propiedad de Satanás, o sea, un cristiano nunca puede ser posesionado por un demonio, porque somos propiedad de Jesucristo. Es muy importante que usted lo sepa. <Si puede ser influenciado, si puede tener demonios en la mente, en el cuerpo, y pueden estar ahí>, pero somos propiedad de Jesucristo, <<sea que nosotros muramos y que tengamos demonios, los demonios se quedan con el cuerpo, pero nosotros nos vamos directamente para el cielo>>; es importante aclarar eso a ustedes.

- Bien, otro punto que quiero aclarar también es este:
  Hemos tenido muchas experiencias… Cuando hacemos Liberación, la persona que está siendo liberada no es consciente de lo que está pasando. A veces la persona es consciente de que el espíritu sale y escucha todas las cosas, pero no tiene ningún dominio de los demonios que están hablando a través de él, pero muchas veces la persona no es consciente-
  He tenido tantos casos donde a la persona le digo Ok, cierra los ojos porque vamos a comenzar la liberación y hago la liberación--- el demonio se manifiesta, lo tumba al suelo, cuando le digo a la persona: <<Ok abre los ojos>>, la persona dice: ¿Qué hago yo aquí en el suelo? la persona estaba en el suelo y ni cuenta, no se da cuenta de nada.

  Hay veces que suceden esas cosas, es por eso hago esta pequeña aclaración con respecto a esos dos puntos. ¿Ok? Bendiciones hermanos.

ORACIONES DE GUERRA ESPIRITUAL

Para librarse de las maldiciones generacionales.

Yo renuncio, no acepto y me separo, de todas las maldiciones generacionales y niego permiso a todo espíritu demoníaco. Escuchen todos los demonios familiares y generacionales; ustedes no tienen ningún derecho legal, ni poder, ni autoridad sobre mi (Aquí su nombre…), esa maldición fue anulada ya, Jesucristo la anuló en la Cruz porque está escrito: "Maldito el que es colgado en un madero" Jesús se hizo maldición para llevar todas nuestras maldiciones en la Cruz, Él ya pagó totalmente la deuda, Así que ¡FUERA, FUERA, FUERA EN EL NOMBRE DE JESUS!

ORACIÓN PARA PERDONAR EFECTIVAMENTE.

Sencillo, si no hay perdón, no hay libertad, sí usted no pide perdón o si usted no perdona, no puede ser libre. Y lo peor; su salvación está en juego, el Padre no lo perdonará.

Mateo 6:14-15

[14]Porque si perdonáis a los hombres sus ofensas, os perdonará también a vosotros vuestro Padre celestial; [15]más si no perdonáis a los hombres sus ofensas, tampoco vuestro Padre os perdonará vuestras ofensas.

En lo que más pueda, hágalo personalmente, telefónicamente, por cartas, de cualquier manera, muy importante, sea detallista, específico al hacerlo.

Por ejemplo:

Cuando esté con la persona diga: María vengo a pedirte perdón por el daño que te hice, reconozco que te ofendí al calumniarte, hice mal en hacerlo, no debí haber dicho que estabas robando, era mentira, tú eres muy correcta, perdóname.

Y después usted aparte: Mi Señor Jesús te confieso el pecado de calumnia, de mentira, me arrepiento, renuncio a ese pecado y te pido que me perdones en el Nombre de Jesús, gracias por perdonarme, lo acepto. Demonios de calumnia, de mentira y afines, no los quiero, no los acepto, los rechazo en el Nombre de Jesús.

***Nota**: si no le acepta el perdón está bien, ya usted cumplió con Dios. Si el agravio fue público, entonces, usted debe pedir perdón en público también, en frente de las personas que vieron la ofensa. Una sugerencia, empiece por sus más allegados, esposa, hijos... Etc. Igual así hágalo con los que a usted dañado u ofendido.*

ORACIÓN PARA SER LIBRE DE PACTOS.

He encontrado muy en común que hay pactos demoníacos hechos por nosotros mismos, o pactos en nuestras pasadas generaciones que nos afectan; ellos pactaron con Satanás sus futuros nietos y generaciones a cambio de dinero, poder… Etc., es necesario ser libre de esos demonios que están cumpliendo esos pactos, de hecho, ellos están ilegalmente ahí porque esos pactos quedaron anulados con el Pacto de Sangre de Jesús en la Cruz del Calvario.

Mateo 26:26-28

> [26]*Y mientras comían, tomó Jesús el pan, y bendijo, y lo partió, y dio a sus discípulos, y dijo: Tomad, comed; esto es mi cuerpo.*[27]*Y tomando la copa, y habiendo dado gracias, les dio, diciendo: Bebed de ella todos;* [28]*porque esto es mi Sangre del nuevo pacto, que por muchos es derramada para remisión de los pecados.*

Pero como siempre, no se van, así como así, hay que recordarles lo que hizo Jesús y luego echarlos.

Esta oración la uso
Gracias Jesucristo por el pacto que hiciste con tu propio Cuerpo y Sangre, Pacto de bendición, y poder.

Demonios de pactos, ustedes están cumpliendo el pacto que se realizó, de hecho, están aquí por esa razón, si no hubieran hecho ese pacto ustedes no estuvieran aquí en esta persona (o en mí), Ahora, ustedes saben muy bien que esta persona es de Jesucristo, y Jesús con su Sangre hizo un Pacto que es Sagrado y Eterno. Es superior y anula todos los pactos. Por lo tanto, demonio tu pacto quedó anulado, destruido, no existe más, así que recoge todas tus cosas y te expulso de aquí ¡FUERA, FUERA! ¡EN EL NOMBRE DE JESUS!

Para romper las ataduras sexuales.

Si usted se unió sexualmente con alguien, sea una persona o animal, se hizo uno solo, quedaron atados. En este ministerio de liberación se han encontrado demonios de animales.

1 Corintios 6:16

¿O no sabéis que el que se une con una ramera, es un cuerpo con ella? Porque dice: Los dos serán una sola carne.

En el caso de haberse unido varias veces sexualmente con alguien (esto es muy común hoy día), usted quedó fragmentado, dividido en varias partes (hablando espiritualmente). Debe romperlos todos, porque se formó una atadura de almas que hay que destruir, hágalos con mucha paciencia. Puede seguir el mismo modelo por ejemplo:

Mi Señor Jesús te confieso el pecado de fornicación, me arrepiento, renuncio a ese pecado y te pido que me perdones en el Nombre de Jesús, gracias por perdonarme, lo acepto. Demonios de fornicación y afines, no los quiero, no los acepto, los rechazo en el Nombre de Jesús.

Yo ahora en el nombre de Jesús arranco y destruyo toda ligadura o atadura entre “María” y yo, arranco y le entrego de regreso la parte del alma de “María” que estaba en mí, y llamo de regreso la parte de mi alma que estaba en “María” hacia mí. ¡Listo! Se rompió la atadura ¡Soy libre! Por lo tanto demonios ¡FUERA DEMONIOS DE ATADURAS DE SEXO EN EL NOMBRE DE JESUS, FUERA!

Nota: si no se acuerda del nombre está bien pero recordar algo es suficiente, hágalo de todas maneras.

ORACIÓN DE CONFESIÓN GENERAL DE PECADOS.

Esta oración la he usado en el caso de que haya alguna atadura desconocida por el cual el demonio no se pueda ir.

Dios todopoderoso, creador de los cielos y la tierra y de todo lo que hay en ellos, te doy gracias por haber enviado a tu Hijo Jesucristo a darnos libertad y perdonar nuestros pecados, a través de Su preciosa Sangre derramada en la Cruz del Calvario. Jesucristo Tú me perdonaste y es por eso que yo perdono a todas las personas que me han hecho daño, burlado, desilusionado, humillado, despreciado, engañado, y robado, también que me perdonen por todo el daño que haya hecho. Jesús te pido que perdones todos mis pecados. Me perdono a mí mismo y acepto tu gran perdón a mi vida.

Padre en el nombre de Jesús confieso que si algunos de mis antepasados o yo cometimos los siguientes pecados; te pido perdón. Y me arrepiento en el nombre de Jesús:

Pecados de enojo, amargura, odio, rebelión, resentimiento, venganza, envidia, celos, pleito, duda, incredulidad, escepticismo, codicia, lujuria, lascivia, brujería, avaricia, depravación, impureza sexual, homicidios, contiendas, engaños, malicia, chismes, calumnias, enemigos de Dios, insolencia, soberbias, arrogancia, orgullo, rebelión, insensatez, insensibles, no misericordia, necedad, idolatrías, tomar el nombre de Dios en vano, no honrar a los padres, adulterio, robar, mentir, y todas las obras de la carne. Etc., te pido perdón en el nombre de Jesús. Gracias por el perdón. Lo acepto.

Yo renuncio a toda maldición que haya caído sobre mí, mi familia, hijos, nietos, bisnietos hasta la tercera y décima generación. Yo denuncio totalmente los pecados de mis antepasados, yo totalmente me separo de las maldiciones generacionales. Y al hacerlo quiebro el poder y los derechos legales de Satanás en mi vida. Quiebro el poder de las maldiciones generacionales y niego permiso en mi vida a todo espíritu demoníaco.

Me arrepiento, renuncio, quiebro y disuelvo todos los pactos satánicos. Por la Sangre de Jesús, por el pacto de Sangre de Jesús en la Cruz del Calvario; que es más poderoso que cualquier pacto demoníaco y anula todos los pactos, me libero de todo pacto con el diablo. Yo renuncio a todo voto no santo o impío, pacto, promesas, juramentos, o ceremonias demoníacas e impurezas y escojo ser libre de todos los permisos de maldiciones del ocultismo. Amen

Nota: *Con esta oración de renuncia usted está en paz con Dios. Después de esta oración haga la otra para expulsar los demonios.*

ORACION DE LIBERTAD.

Jesús el Hijo de Dios vino en carne humana, nació de una virgen, murió en la Cruz, resucitó al tercer día y está sentado a la diestra de Dios Padre, Jesús tiene toda potestad y toda autoridad sobre todo el Universo, en el cielo, la tierra y debajo de la tierra.

Jesús nos delegó autoridad y poder a nosotros, a la Iglesia, para pisar serpientes y escorpiones y sobre todo el poder del enemigo y ninguna arma forjada nos pueda hacer daño. Nos ha dado la autoridad en el nombre de Jesús de echar afuera demonios.

En el nombre de Jesús, anulo, cancelo, corto y destruyo cualquier conjuro, rezo, maldiciones, votos, pactos demoníacos, brujerías, hechizos, órdenes satánicas, planes, estrategias, y todo que venga del diablo, del reino de las tinieblas o de personas; todos los destruyo y cancelo en el Nombre de Jesús, nada me tocará a mí ni a mi familia ni a mi casa en el nombre de Jesús.

Así que demonios ¡Fuera en el nombre de Jesús! no tienen ningún derecho legal, ninguna autoridad ni poder, su trabajo en esta casa, mi mente, emociones cuerpo y espíritu se acabó, ato al hombre fuerte y sus demonios, los arranco de raíz, los desarraigos, destruyo toda estructura demoníaca y los echo ¡FUERA, FUERA, FUERA EN EL NOMBRE DE JESÚS, ¡FUERA EN EL NOMBRE DE JESUS!, ¡LA SANGRE DE JESÚS ES PODEROSA Y SUFICIENTE!

Nota Esta oración está dividida en cuatro:

1. Quién es Jesús y su Señorío.
2. Quienes somos nosotros en Cristo Jesús, el poder que nos dio.
3. Cancelamos todos los derechos legales.
4. Los expulsamos en el Nombre de Jesús

Estas oraciones dígalas con autoridad varias veces hasta que todo quede despejado, estas Oraciones de Guerra Espiritual deben hacerla todos los días y varias veces, POR LO TANTO, SAQUELES COPIAS

RECOMENDACION FINAL

Regístrese en nuestra Escuela De Liberación Cristo Libera

Ponga en práctica todas estas Armas de Guerra Espiritual

Evangelice con nuestras series de libros Libérate

Adquiera toda la serie de libros "Libérate" y "Entrenando Soldados para la Guerra Espiritual"

Vuelva a estudiar este libro

Y Recomiende nuestras Series.

INGRESE A NUESTRA PÁGINA

www.cristolibera.org encontrará más información, ayuda en liberación, cursos y libros que le ayudarán a adquirir más conocimientos en Guerra Espiritual.

EN NUESTRO CANAL DE YOUTUBE

https://www.youtube.com/user/gladysynestor encontrará más videos de liberaciones, enseñanzas, oraciones y conferencias.

SINTONICENOS EN NUESTRO CANAL DE TV CLI Y RADIO

https://cristolibera.org/tv-online/

https://cristolibera.org/radio/

Roger D Muñoz

WWW.CRISTOLIBERA.ORG

CRISTO LIBERA

MINISTERIO DE LIBERACION Y SANIDAD

SEATTLE, WASHINGTON

ESTADOS UNIDOS

Estos libros están disponibles en varios idiomas.

Pedidos:

www.cristoLibera.org

www.Amazon.com

www.bookdepository.com

1(425)269-2755

USA

ENTRENANDO SOLDADOS PARA LA GUERRA ESPIRITUAL